FUNNY TALES IN E

Volume 2

El Hospital Loco

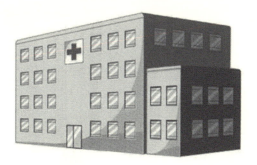

SPANISH READER FOR BEGINNERS
Elementary Level

Selected and translated by:
Álvaro Parra Pinto

Edited by
Alejando Parra Pinto

EDICIONES DE LA PARRA
Caracas, Venezuela 2014

Copyright c 2014 by Alvaro Parra Pinto
All rights Reserved

FUNNY TALES IN EASY SPANISH

Volume 2

EL HOSPITAL LOCO
Intermediate Level

This volume was written in simple, easy Spanish for elementary-level students. Fun and easy to read, the text was edited and simplified to increase language comprehension and ease reading practice with simple wording, short sentences, and moderate, elementary-level vocabulary

ALL RIGHTS RESERVED

This book may not be reproduced in whole or in part, by any method or process, without the prior written permission from the copyright holder. Unauthorized reproduction of this work may be subject to civil and criminal penalties.

Copyright © *2014 by Alvaro Parra Pinto. All rights Reserved*

ISBN-13: 978-1502783776
ISBN-10: 1502783770

Amazon Author page:
http://amazon.com/author/alvaroparrapinto

Volume 2: El Hospital Loco

CONTENIDO

* **EL DOCTOR ZAPATÍN** Page 1
* **DOS CIGARROS** Page 3
* **PROBLEMA DE MEMORIA** Page 5
* **EL AUTOBÚS** Page 7
* **LOS RONQUIDOS** Page 9
* **40 AÑOS** Page 11
* **RARA ENFERMEDAD** Page 13
* **LA MORGUE** Page 15
* **EL TRATAMIENTO** Page 16
* **LA SEÑORA** Page 18
* **EL CIRUJANO MATASANOS** Page 19
* **EL LAPICERO** Page 21
* **EL TRASPLANTE** Page 22
* **LA PIERNA** Page 23
* **EL ACCIDENTE** Page 24
* **LA DEUDA** Page 26
* **LA PINZA** Page 27
* **APENDICITIS** Page 28
* **LA VISITA** Page 29
* **LA EMERGENCIA** Page 31
* **EL DEDO** Page 32
* **EL PINTOR** Page 33
* **AMNESIA** Page 35
* **AGUA** Page 36

* **LA ENFERMERA ROSA** Page 37
* **SEIS** Page 39
* **LA NOTICIA** Page 40
* **EL MUERTO** Page 41
* **LA LLAMADA** Page 42
* **EL INGRESO** Page 44
* **DINERO** Page 45
* **LA TROMPETA** Page 46
* **FÚTBOL** Page 48
* **EL PSIQUIATRA DEMENTIS** Page 49
* **LA PUERTA** Page 52
* **JOSÉ Y MARÍA** Page 54
* **REFRIGERADOR** Page 56
* **EL PERRO** Page 57
* **EL SUEÑO** Page 58
* **EL PACIENTE** Page 59
* **LA OVEJA** Page 61
* **LA SORPRESA** Page 62
* **ABOUT THE AUTHOR** Page 63

EL DOCTOR ZAPATÍN

El Hospital Loco es el hospital más cómico del mundo.

Todos están locos en ese hospital, comenzando con su director, el doctor Casimiro Zapatín.

El doctor Zapatín es un hombre muy trabajador y le gusta atender bien a sus pacientes. ¡Pero le falta un tornillo!

Un día un hombre con un ataque de nervios entró a su consultorio y le dijo:

-¡Doctor, doctor! ¡Necesito su ayuda!

El doctor Zapatín lo miró con preocupación y le dijo:

-Le ayudaré, hombre, pero dígame, ¿qué problema tiene usted?

-Doctor, durante años he tenido horribles malestares y nadie ha podido ayudarme.

-¿Y ha visto usted a otro médico?

-Sí, vi al doctor Chávez.

-¿Al doctor Chávez? ¡Pero ese doctor no sabe nada! ¡Es un idiota! ¿Y qué consejo le dio ese inútil?

-¡Me aconsejó que viniera a verle a usted!

DOS CIGARROS

Estaba el joven paciente en su camilla y llegó el doctor Zapatín para ver cómo seguía.

Después de examinarlo le dijo:

-Has mejorado mucho, joven, así que te daré de alta hoy mismo –le dijo el doctor- Podrás irte a tu casa pero ¿sabes qué? ¡Dos cigarros al día, ni uno más! ¿Está claro?

Y el joven respondió:

-Sí, doctor, está claro: ¡Dos cigarros al día, ni uno más!

Una semana después regresa el joven paciente al hospital y el doctor Zapatín le pregunta:

-¿Cómo te sientes hoy, joven?

-Y el chico respondió:

-Muy mal, doctor, ¡me estoy ahogando!

-¿Pero por qué? –preguntó el doctor desconcertado.

-¡Es que yo antes nunca fumaba, doctor Zapatín, y ahora, siguiendo sus instrucciones, me echo dos cigarros al día!

Volume 2: El Hospital Loco

PROBLEMA DE MEMORIA

Una señora va a ver al doctor Zapatín y le dice:

-Doctor Zapatín, ¡por favor ayúdeme!

-¿Qué tiene usted señora?

-Pierdo la memoria, doctor…

-¿Y desde cuándo?

-¿Desde cuándo qué?

-¡Ay, señora! ¡Usted está peor de lo que yo pensaba! Pero no se preocupe, le daré unas píldoras para solucionar su problema…

-¿Cuál problema, doctor?

-El problema de su memoria, señora…

-¡Ah, sí! ¡Ya lo recuerdo!

-Como le dije le daré unas píldoras para mejorar su memoria. ¡Yo las estoy tomando y le aseguro que son buenísimas!

-¿En serio? ¿Unas píldoras para la memoria? ¿Y usted las está tomando?

-Sí, señora, las estoy tomando ¡y son buenísimas!

-¿Y cómo se llaman esas píldoras, doctor?

-Pues…

El doctor Zapatín se veía confundido y no dijo nada durante un instante.

Entonces sonrió y dijo:

-Dígame, señora, ¿cómo se llama esa flor roja que tiene un tallo largo y espinas?

-Rosa, doctor, la flor roja que tiene un tallo largo y espinas se llama rosa…

-¡Así es! -exclamó el doctor con una sonrisa antes de exclamar:

-¡Rosa! ¡Enfermera Rosa! ¿Cómo se llaman esas píldoras que estoy tomando para la memoria?

EL AUTOBÚS

Un hombre llega al consultorio del doctor Zapatín y le dice:

-¡Ayúdeme doctor! ¡Estoy desesperado!

-¿Cuál es su problema, señor? -le pregunta el doctor con curiosidad.

-¡Ay, doctor! ¡Cada vez que me subo al autobús me quedo dormido!

-No se preocupe, hombre… ¡No es para tanto!

-¿Quiere decir que mi problema no es tan grave, doctor?

-No es nada grave, señor… Mucha gente se duerme en los autobuses.

-¡Qué bueno, doctor! ¿Entonces me puede dar un certificado?

-¿Un certificado? ¿Para qué lo quiere, señor?

-Es para mi trabajo, doctor…

-¿Para su trabajo?

-Sí, ¡para cuando los policías me vean conduciendo el autobús dormido!

LOS RONQUIDOS

Un día llegó un nuevo paciente a ver al doctor Zapatín y le dijo:

-Doctor Zapatín, necesito que usted me cure…

-¿Y de qué sufre usted? –preguntó el doctor.

-¡Mi problema es que cada vez que me duermo empiezo a roncar!

-¿A roncar? –preguntó el doctor-. Y dígame, ¿son fuertes sus ronquidos?

-¡Sí!, Mucho.

-¿Y eso le molestan a su esposa?

-No tengo esposa, doctor, no estoy casado.

-¡Ah! ¿Entonces usted duerme sólo?

-Sí, doctor…

-Disculpe, señor, pero si usted duerme solo entonces yo no creo que sus ronquidos sean un problema…

-¿Qué no son un problema? ¡Pero si ya me han despedido de cinco empleos por culpa de mis ronquidos!

40 AÑOS

Una señora entra muy preocupada al consultorio del doctor Zapatín.

-¿Por qué se ve usted tan preocupada, señora? –le preguntó el doctor.

-¡Ay, doctor! He hecho de todo para mantenerme sana… ¿Ud. cree que yo podré vivir 40 años más?

- Depende, señora.

-¿Depende de qué?

-Dígame, señora, ¿usted bebe?

-No, doctor.

- ¿Fuma?

-No, doctor.

-¿Va a fiestas con sus amigos?

-No, doctor.

-¿Tiene pareja?

No, doctor.

-¿Sale con hombres?

-No, doctor.

¿Y entonces para qué quiere usted vivir 40 años más?

RARA ENFERMEDAD

Un señor con una rara enfermedad va a ver al doctor Zapatín y le cuenta su problema.

El doctor Zapatín, extrañado por la rara enfermedad le manda a hacer unos exámenes y le dice que regrese cuando los tenga.

Al día siguiente el paciente regresa a ver al médico y le pregunta:

-¿Qué tengo, doctor? ¿Qué tengo?

-Su caso es complicado, señor. Necesito unos días para estudiar los resultados de sus exámenes. ¿Puede regresar en una semana?

Una semana después regresa el paciente y le pregunta al doctor:

-Doctor Zapatín, ¿puede decirme qué es lo que tengo?

Entonces, el doctor le contestó:

-Después de analizar los resultados de sus exámenes y examinar sus células hasta el más mínimo detalle, consulté a varios especialistas en los mejores hospitales del mundo y, hemos descubierto que usted padece del Síndrome de Blanco.

-¿Y qué es eso, doctor?

-No lo sé, señor Blanco, ¡todavía no tengo la más mínima idea!

LA MORGUE

El doctor Zapatín regresa de noche al hospital y le pregunta a la enfermera Rosa:

-Enfermera, ¿al paciente García ya lo mandaron a la morgue?

- Sí, señor. ¡Tal como usted ordenó!

El doctor sale corriendo a la morgue y, al llegar, pregunta en la entrada:

- ¿Esta tarde trajeron un cadáver del hospital?

- Sí, señor.

El médico entra adentro y grita fuertemente:

- ¡Señor García! ¡Le tengo buena noticias! ¡No fue su pulso que falló, fue mi reloj que está dañado!

EL TRATAMIENTO

Un paciente entra al consultorio del doctor Zapatín y le dice:

-Doctor Zapatín, durante todo el día he sentido que me falta el aire, y he tenido la cara congestionada, ¿qué puedo hacer?

-¡Fácil! ¡Afloje el nudo de su corbata!

El paciente hizo lo que le dijo el doctor y respiró profundo:

-¡Tenía razón, doctor!

-Ahora dígame, señor, ¿cómo le va usted con su tratamiento?

-No le sé, doctor, por ahora no he notado mejoría con el tratamiento que usted me dio.

- ¿Se ha tomado usted el jarabe que yo le receté?

- ¿Cómo me lo voy a tomar, doctor? ¡Si en el frasco dice: "Consérvese bien cerrado"!

-¡Ay, señor! –dijo el doctor conteniendo la risa-. Eso es para que lo cierre bien cuando no lo esté usando, ¡pero si quiere curarse tiene que usarlo! Comience hoy mismo. Tómese tres cucharadas del jarabe todos los días, ¿entendido?

Titubeante, el paciente le pregunta:

-¿No puede recetarme un poco menos?

-¿Un poco menos? ¿Por qué? ¿Qué hay de malo con las tres cucharadas?

-¡Es que sólo tengo dos cucharas en casa!.

LA SEÑORA

Una señora de ochenta años le pregunta al doctor Zapatín:

-Doctor, creo que me estoy quedando sorda. ¡Figúrese que ya no me oigo ni toser!

-Tome estas pastillas, señora.

-¿Son para oír mejor, doctor?

-No, señora, ¡son para que tosa más fuerte!

-¡Ay, doctor! ¡No se me había ocurrido!

-¿Algo más, señora?

-Sí doctor, últimamente también he sentido mucho cansancio, doctor. ¡No sé qué me pasa! Cada vez que subo la pendiente para llegar a mi casa me canso muchísimo, ¿Qué me aconseja tomar?

El médico le respondió:

-¿Qué le aconsejo tomar? ¡Pues, para ser honesto le aconsejo tomar un taxi, señora, tome un taxi!

EL CIRUJANO MATASANOS

La sala de operaciones del Hospital Loco es una de las mejores y más modernas de todo el país. Tiene los más avanzados equipos médicos y un grupo de destacados cirujanos encabezados por el doctor Paisano Matasanos, jefe de cirugía del hospital.

Además de ser un excelente médico, el doctor Matasanos siempre ha sido un bromista empedernido. Con todo el mundo bromea, sobre todo con sus pacientes.

Una vez un señor esperaba que el doctor Matasanos saliera de la sala de operaciones para saber cómo estaba su esposa.

Cuando el doctor Matasanos salió, le dijo al hombre que su esposa estaba muy grave, y que el resto de su vida iba a tenerle que dar de comer en la boca porque ella no podía mover las manos, la tendría que llevar al baño porque ella no podía caminar, la tendría que cambiar de ropa, bañarla, etc.

El marido, desesperado, se puso a llorar y el doctor agregó:

- ¡No te preocupes, hombre! ¡Estaba bromeando! ¡Tu esposa ya se murió!

EL LAPICERO

Una señorita llega a ver al doctor Zapatín le dice:

-¡Necesito que me ayude, doctor! Fíjese que la frente se me está llenando de punto azules y no sé qué hacer.

Mientras el doctor Zapatín la revisa y le pregunta:

-¿En qué trabaja su novio?

Y ella contesta:

-Mi novio trabaja en un almacén.

-¿En un almacén? Ah, ¿y de qué color es el lapicero que él usa?

Y ella responde:

-¿El color de su lapicero? Es azul, doctor.

-¡Pues dígale a su novio que se quite el lápiz de la oreja cuando la bese!

EL TRASPLANTE

Los mejores cirujanos del hospital estaban realizando un trasplante de riñones, cuando de repente entró el doctor Matasanos gritando:

-¡Paren todo! ¡Paren todo! ¡Ha habido un rechazo!

-¿Un rechazo? –preguntó uno de los cirujanos.

-¿El riñón trasplantado o los injertos doctor? – preguntó otro.

-¡Peor aún! ¡El cheque! ¡El cheque no tiene fondos!

LA PIERNA

A un paciente le cortan una pierna en el hospital. Después de la operación, el doctor Matasanos se acerca al paciente y le informa:

-Le tengo dos noticias, señor, una buena y una mala.

-A ver -dice el hombre-, empiece por la mala.

-La mala es que le cortamos la pierna equivocada.

-¿Y la buena?

-¡Que su otra pierna mejoró y ya no hace falta cortarla!

EL ACCIDENTE

El doctor Matasanos se encontraba en su consultorio cuando de repente entró corriendo la enfermera Rosa:

-¡Ay, doctor Matasanos! ¡Acaban de llegar al hospital dos víctimas de un horrible accidente! ¡Qué desgracia!

-¿De qué se trata, enfermera?

-Pues, un señor y su sobrino iban por la carretera a alta velocidad cuando se les atravesó un burro y, al esquivarlo, se estrellaron contra una pared. ¡Los dos están muy graves!

El doctor Matasanos salió corriendo a operar a los pacientes y por suerte logró salvarles la vida.

Después de tres días el señor se despertó y lo primero que dijo fue:

-Dígame la verdad, doctor, ¿cómo está mi sobrino?

-Lamentamos informarle que nunca más podrá abrazar a su sobrino.

-¿Quiere decir que mi sobrino se murió?

Volume 2: El Hospital Loco

-¡Oh no, señor, eso no! ¡Su sobrino no murió!

-¿Entonces por qué dice que nunca más podré abrazarlo?

-¡Porque usted perdió los dos brazos!

LA DEUDA

Después de la operación, el doctor Matasanos se reunió con su paciente y le dijo en tono muy enérgico:

-Ya sabe, señor, durante los próximos meses nada de fumar, nada de beber, nada de salir con mujeres ni ir a comer a esos restaurantes caros, ¡ah, casi lo olvidaba!, ¡y nada de viajes ni vacaciones!

-¿Hasta que me recupere doctor?

-No… ¡Hasta que me pague todo lo que me debe!

Volume 2: El Hospital Loco

LA PINZA

El doctor Matasanos entra en la sala de recuperación y se acerca a un paciente:

-Mire, señor, tengo que darle una mala noticia.

-¿Una mala noticia? ¿Qué pasó, doctor?

-Como usted sabe, la operación fue todo un éxito. Pero cuando lo operamos dejamos, sin querer, una pinza dentro de su abdomen. Así que tenemos que volver a operarlo.

El señor queda muy sorprendido y contesta:

-¡Pero doctor! ¿Por qué no se compra otra pinza? ¡Por favor, cómprese otra!

APENDICITIS

El doctor Matasanos descansaba en su consultorio después de una larga operación cuando de repente entró un señor cuya esposa él había atendido antes.

-Siento molestarlo, doctor Matasanos, ¡pero es mi esposa! ¡Creo que ella tiene apendicitis!

El doctor Matasanos sacudió la cabeza:

-¡Es imposible! –exclamó-. ¡Hace dos años yo le quité el apéndice a su esposa y nadie tiene un segundo apéndice!

-Doctor, quizás usted no haya oído hablar de un segundo apéndice –dijo el hombre- ¡pero sí de que podemos tener una segunda esposa!

LA VISITA

Varios días después de operar a una señora el doctor Matasanos la envía a su casa y le dice al marido que la cuide bien.

-Llámeme si surge algún problema –le dice entregándole su tarjeta personal.

Esa noche, alrededor de las tres de la mañana, suena el teléfono en casa del doctor Matasanos.

Es el marido diciendo que su esposa se siente muy mal.

A las 3:30 llega el doctor Matasanos con su maletín y le pide al marido que le permita revisar a su señora a solas en su cuarto.

Pasan 5 minutos, 10 minutos, y sale el doctor y le pide un martillo al esposo. Inmediatamente el hombre baja al sótano, busca un martillo, sube y se lo da al doctor, quien se vuelve a encerrar en la habitación a solas con la mujer.

Pasan 5 minutos más. Dentro de la habitación se escuchan ruidos y el marido no entiende qué está pasando. A los 10 minutos sale el doctor y le pide al marido unos clavos. Inmediatamente el hombre baja al sótano, busca unos clavos, sube y se los da al doctor, quien nuevamente se encierra en el cuarto con la mujer.

Pasan otros 10 minutos y se escuchan más ruidos. El marido no haya cómo contener su angustia, preocupado de lo que está pasando.

A los 15 minutos sale el doctor y le pide al marido un taladro. Inmediatamente el hombre baja al sótano, busca un taladro, sube y se lo da al doctor, quien se encierra nuevamente en la habitación con la mujer.

Pasan 10 minutos y se siguen escuchando ruidos. El marido, desesperado, toca a la puerta y llama al doctor.

-¡Escuche, doctor! Ya le di un martillo, unos clavos, y un taladro. ¿Qué le hace usted a mi esposa?

-¡Pues, no logro abrir mi maletín!

Volume 2: El Hospital Loco

LA EMERGENCIA

Una señora llega llorando al hospital, preguntando por su marido que acababa de sufrir un accidente de auto en un choque contra un tren.

- ¿Cómo se encuentra mi esposo? – le pregunta al doctor Matasanos.

-Señora, con toda confianza puedo decirle que de la cintura para abajo su esposo está perfecto… ¡No tiene ni el más mínimo rasguño!

-¿Y de la cintura para arriba , doctor?

-No sabría decirle, ¡porque esa parte todavía no nos la han traído!

EL DEDO

Un paciente va a ver al doctor Matasanos y le dice.

-¡Doctor, ayúdeme! Me toco aquí y me duele, me toco aquí y me duele y me toco allí y ¡me duele! ¿Que tengo?

-Pues, ¡tiene un dedo roto!

EL PINTOR

Un pintor realizó una exhibición en una importante galería de arte y al finalizar el evento, le preguntó al dueño de la galería si alguno de los visitantes había mostrado interés en comprar alguna de sus pinturas.

El dueño de la galería de arte le contestó:

-Amigo, quiero que sepas que te tengo una buena noticia y una mala noticia.

-¿Una buena y una mala, eh? –dijo el pintor-. Prefiero escuchar primero la buena noticia, ¿sí?

El dueño de la galería de arte contestó:

De acuerdo, será como tú quieras. La buena noticia es que un rico y elegante caballero me preguntó si yo creía que después de tu muerte tus pinturas adquirirían mucho valor. Yo le dije que sí, que tú eres un gran artista y que seguramente sería así. Después de escucharme, sacó su billetera y compró 15 de tus cuadros… ¡y pagó en efectivo!

-¡Qué buena noticia! ¿Y cuál es la mala?

- Bueno, la mala noticia es que antes de marcharse el caballero me confesó que él era el doctor Matasanos, tu médico...

Volume 2: El Hospital Loco

AMNESIA

Después de sufrir un accidente de tránsito, una señora de edad madura, muy madura, llega al hospital.

El doctor Matasanos la examina mientras que la enfermera Rosa anota sus datos en la ficha personal de la señora.

- Golpes en la cabeza... Fractura del brazo derecho... Moretones en la espalda y las piernas...

El doctor Matasanos se da vuelta, mira a la mujer y le pregunta:

-¿Qué edad tiene usted, señora?

- ¡Treinta y cinco! –dice ella.

El médico mira a la enfermera Rosa y dice:

-¡Anota también pérdida de memoria!

AGUA

La enfermera Rosa fue a ver a unos de los pacientes y le dijo:

-Usted tiene que curarse, señor. Pero para eso debe seguir las indicaciones del médico al pie de la letra, ¿entendido?

-Entendido, enfermera –dijo el paciente.

-Estas son las indicaciones: Se va a tomar en la mañana esta pastilla azul con un vaso de agua; luego al mediodía se toma esta pastilla roja con un vaso de agua, luego en la tarde esta pastilla verde con un vaso de agua, y en la noche esta pastilla amarilla con un vaso de agua.

-¿Realmente tengo que tomarme todas esas pastillas, enfermera? –preguntó el hombre.

-Así es señor…

-Pero enfermera, ¿qué es lo que tengo?

-¡Que no toma suficiente agua!

Volume 2: El Hospital Loco

LA ENFERMERA ROSA

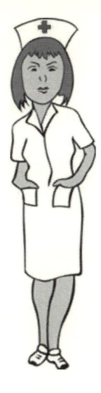

La enfermera Rosa Quiñones es la jefe de enfermería del hospital. Ella es muy trabajadora, amable con los pacientes y es una buena samaritana a quien siempre le gusta andar ayudando a los demás.

El doctor Zapatín siempre dice que la enfermera Rosa es su mano derecha y que sin ella no funcionaría el hospital.

Un día, después de una operación delicada, ella le preguntó al paciente:

-¿Cómo se siente después de la operación, señor?

-Me siento muy bien, enfermera… Pero tengo una sensación muy extraña… ¡Es como si me hubieran dado un golpe en la cabeza con un bate!

-Disculpe, señor, ¡lo que sucede es que hoy se nos acabó la anestesia!

SEIS

En la sala de espera de la maternidad, un joven acaba de escuchar la noticia de que acaba de ser padre.

En ese momento la enfermera Rosa habla con él y el joven cae al suelo sin sentido.

Cuando sale el doctor con el recién nacido en brazos, se sorprende al ver al joven desmayado en el suelo.

Alarmado, el doctor le dice a la enfermera:

-Enfermera Rosa, ¿qué sucedió aquí?

-Disculpe doctor, ¡es mi culpa!... ¡Yo creí que él me preguntaba la hora! ¡Y le dije seis!

LA NOTICIA

La enfermera Rosa entró a la sala de esperas y caminó hacia un señor que estaba sentado a solas en una esquina:

-Señor, -le dice la enfermera-, disculpe usted, pero le tengo una mala noticia.

-¿Una mala noticia, enfermera?

-Así es señor: su madre, la que ayer se encontraba internada, ha…

-No, enfermera, esa señora no era mi madre… ¡era mi suegra!

-¡Ah! ¡En ese caso le tengo una buena noticia!

EL MUERTO

La enfermera Rosa entra corriendo al consultorio del doctor Zapatín y le dice:

-¡Doctor Zapatín! ¡El paciente que usted acaba de dar de alta, cayó muerto al frente del hospital!

Y pregunta el doctor:

-Dígame, enfermera, ¿el paciente cayó mirando hacia la calle?

-Sí, doctor…

-¡Entonces voltéelo para que crean que venía llegando!

LA LLAMADA

La enfermera Rosa estaba sentada en la recepción cuando entró una llamada.

-Hospital, buenos días –dijo la enfermera Rosa tomando la llamada.

-¡Ay! ¡Buenos días! Necesito información sobre una paciente... ¡es urgente!

-Sí, señora, ¿qué desea saber?

-Quiero saber si la paciente está mejor y si evoluciona según lo esperado. ¡Estoy muy preocupada! ¡Quiero toda la información que puedan darme!

-De acuerdo, señora, ¿puede decirme el nombre de la paciente?

-Se trata de la señora María Zapata, de la habitación 105."

-Zapata, Zapata, a ver –dice la enfermera Rosa consultando los registros-. Sí, aquí está: María Zapata, habitación 105.

-¡Dígame cómo está, por favor!

-Pues la señora María Zapata ha mejorado mucho. Sus síntomas ya casi desaparecieron por completo y su doctor dice que si sigue mejorando la va a enviar a su casa el viernes."

-¿El viernes? –dice la mujer-. ¡Eso es maravilloso! ¡Gracias a Dios! ¡Estoy tan contenta!

-Me alegra que le guste la notica, señora, ¿es usted su familiar o amiga?

-¡Ni familiar ni amiga! ¡Yo soy María Zapata! ¡Es que mi doctor nunca me dice nada!

EL INGRESO

Un hombre ingresa en el hospital para hacerse una operación.

La enfermera Rosa le toma los datos: su nombre, edad, domicilio, nombre de la compañía del seguro, etc.

-Dígame señor, ¿en caso de emergencia a quien le avisamos ?

- ¿Quiere decir si estoy a punto de morir?

- Bueno... sí...

- En ese caso, ¡llame de prisa a un doctor!

DINERO

Estaba un grupo de doctores platicando en la sala de espera del hospital; cuando de pronto entra la enfermera Rosa llevando a un hombre en una camilla y gritando:

-¡Emergencia! ¡Emergencia! ¡Hay que operar a este hombre de inmediato!

-¿Sí? –preguntó el doctor Matasanos-. Pero, ¿qué tiene ese hombre, enfermera Rosa?

-¡Tiene dinero, doctor! ¡Mucho dinero!

LA TROMPETA

La enfermera Rosa entra al consultorio del doctor Zapatín y dice:

-Doctor, un hombre llegó al hospital con un fuerte dolor en la rodilla.

-¡Hágalo pasar, enfermera! ¡Hágalo pasar!

El hombre entra cojeando al consultorio del doctor Zapatín, quien de inmediato examina su rodilla.

-Dígame señor –dice el doctor Zapatín-, ¿por casualidad usted toca trompeta?

-¡Sí doctor! ¿Por qué?

-Pues, debo decirle que ¡esa es la causa de su dolor!

-¿Mi trompeta? –preguntó el hombre extrañado-. Pero doctor, ¿qué tiene que ver el hecho de tocar trompeta con mi rodilla?

-Es demasiado complicado, señor, usted no entendería. Además, yo soy el doctor. ¡Y si digo que es así es porque realmente es así!

-¿Y qué debo hacer, doctor?

-Si quiere sanarse, ¡no toque más esa trompeta!

-De acuerdo, doctor, de acuerdo. No tocaré más la trompeta, la venderé…

-Muy bien, señor, ya verá cómo pronto se recupera…

Cuando el paciente se marchó la enfermera Rosa, intrigada por el diagnóstico, le dice al doctor:

-Explíqueme algo, doctor Zapatín, ¡yo no veo la relación de la trompeta con la rodilla!

-¡Ay, enfermera Rosa! ¡La trompeta y la rodilla no tienen ninguna relación! La verdad es que eses hombre no me reconoció, pero es mi vecino del piso de arriba. ¡Y me tiene loco con el ruido de su trompeta! ¡Ya no lo soporto!

FÚTBOL

El doctor Dementis fue a ver a uno de los nuevos pacientes y le preguntó:

-¿Cómo se siente hoy, señor?

-Me siento bien, doctor, pero sigo soñando todos los días que juego al fútbol con dragones…

-¿Con dragones dice usted?

-Sí, doctor, son dragones horribles y pestilentes, pero saben jugar fútbol muy bien…

-No se preocupe, señor, acabaremos con ese problema. Esta noche tómese esta pastillita.

-¿Esta noche?

-¡Pues sí!

-Mire, doctor, mejor lo dejamos para mañana…. ¡Porque esta noche jugamos la final!

Volume 2: El Hospital Loco

EL PSIQUIATRA DEMENTIS

El doctor Vicente Dementis es el jefe del Departamento de Psiquiatría del hospital. Algunos dicen que está loco pero no es verdad. Sólo es un poco estrafalario.

Un día, preocupado por el alto número de pacientes encerrados en el ala de psiquiatría, el doctor Dementis decidió hacerles un examen y soltar a quienes lo aprobaran.

Llegó el primer loco y el doctor Dementis le dijo:

- A ver, si aciertas podrás irte. ¿Cuánto son 10 x 5?

A lo que el loco contestó:

- ¡Zapato!

El doctor Dementis se quedó sorprendido y gritó:

-¡Encierren a este loco!¡Y que pase el siguiente!

Llegó el segundo loco y el doctor Dementis le preguntó:

-¿Cuánto son 10 x 5?

Y el loco respondió:

- ¡Diciembre!

El doctor Dementis no podía creerlo y dijo:

-Madre mía, encierren a este loco también y que pase el siguiente...

El tercer loco llegó y tomó asiento. Entonces el doctor le preguntó:

-A ver, tú, dime ¿cuánto son 10 x 5?

Y el loco, después de hacer unos cálculos mentales, respondió:

- Pues 50.

-¡Excelente! ¡Podrás irte a casa!

-¿En serio podré irme?

-Así es... Y ahora antes de marcharte dime, ¿cómo supiste la respuesta?

-¡Muy fácil, doctor! –respondió el paciente con orgullo-. ¡Sólo dividí zapato entre diciembre!

LA PUERTA

Otro día el profesor Dementis decidió realizar otra prueba para ver cómo se comportaban los pacientes de psiquiatría y evaluar su nivel de locura.

Después de mandar a pintar una puerta en una pared llamó a los pacientes y les dijo:

-¡Vengan todos! ¡Aquel que logre pasar por esa puerta será libre!

Inmediatamente los locos se abalanzaron sobre la supuesta puerta y trataron de abrirla sin éxito. Todos lo intentaban, todos excepto uno de los locos, quien observaba a los demás y se reía.

Queriendo saber por qué se reía, el doctor Dementis se le acercó y le preguntó:

-Dígame, señor, ¿por qué usted se ríe de los demás?

-¡Porque jamás lograrán pasar a través de esa puerta!

Creyendo que aquel hombre no estaba loco como los demás, el doctor Dementis le preguntó:

-¿Por qué dice eso, señor? ¿Cómo sabe usted que ellos jamás lograrán atravesar esa puerta?

-¡Porque yo tengo la llave de esa puerta!

JOSÉ Y MARÍA

José y María eran los pacientes mentales favoritos del doctor Dementis.

Después de largos años de tratamiento, ambos parecían haber recuperado la salud mental y el doctor Dementis pensaba en soltarlos pronto.

Un día, mientras que ambos pacientes caminaban cerca de la piscina del hospital, de repente José se cayó en el agua y se hundió hasta el fondo, donde se quedó sin moverse.

María rápidamente se lanzó a la piscina para salvarlo, nadó hasta el fondo y lo rescató.

Cuando el doctor Dementis se enteró del acto heroico de María, ordenó que se le diera de alta del hospital, pues consideraba que ella estaba mentalmente estable.

Ese día, antes de dejarla irse a casa, el doctor Dementis le dijo a María:

-Tengo dos noticias para ti… una buena y una mala.

-¿Cuál es la buena, doctor?

-La buena es que decidí darte de alta y hoy mismo podrás irte a casa. Al lanzarte a la piscina y haberle salvado la vida a José demostraste que eres capaz de responder razonablemente ante una crisis. Por esto llegué a la conclusión de que ya estás sana mentalmente y puedes abandonar el hospital.'

-¡Qué bueno doctor! ¿Y cuál es la mala noticia?

-La mala noticia es que José, el paciente a quien le salvaste la vida, se colgó en el baño con el cinturón de su bata momentos después de que le salvaste la vida…. María, lo siento mucho, pero ¡José está muerto!

María muy sorprendida le dijo al director:

-Pero doctor, José no se colgó… ¡Lo colgué yo para que se secara!

REFRIGERADOR

Llega un hombre al consultorio del doctor Dementis y le dice:

-Doctor, ¡mi esposa se cree un refrigerador!

-¿Un refrigerador?

-Sí, doctor, ¿qué puedo hacer?

-Pues, no se preocupe, señor… ¡Ya se le pasará!

-¡Sí, doctor, eso lo sé! ¿Pero mientras tanto qué voy a hacer? Yo no puedo pegar un ojo en toda la noche, porque ella duerme con la boca abierta ¡y la luz me da en la cara!

Volume 2: El Hospital Loco

EL PERRO

Un paciente llega a ver al doctor Dementis y le dice:

-Doctor Dementis, tengo un problema sumamente grave y necesito que usted me ayude cuanto antes…

-De acuerdo, señor, dígame cuál es su problema…

Y el hombre le dice:

-Doctor, el problema es que yo me creo un perro.

-¿Un perro'

-Sí, doctor, ¡me creo un perro!

El doctor Dementis miró al hombre a los ojos y le preguntó:

-¿Y eso desde hace cuánto lo siente, señor?

El hombre, sin pestañear, le respondió:

-¡Pues desde que yo era un cachorro, doctor!

EL SUEÑO

Un hombre con un ataque de nervios fue a ver al doctor Dementis y le dijo:

-Doctor, llevo varias semanas soñando que mi suegra viene a comerme cabalgando sobre un cocodrilo...

- ¿Sí? –preguntó el psiquiatra.

- Sí, doctor... esos ojos diabólicos... esa piel escamosa... esos colmillos afilados...

-¡Vaya, señor –dijo el doctor Dementis-, ¡qué terrible!

Y el hombre exclamó:

-¡Y eso que todavía no le he descrito el cocodrilo!

EL PACIENTE

Uno de los pacientes de psiquiatría que más le preocupaba al doctor Dementis se creía un caballo y sufría de fuertes cambios de personalidad. Después de varios meses, el paciente fue mejorando hasta que sus síntomas parecieron desaparecer por completo.

Un día el doctor Dementis mandó a llamar al paciente para hacerle una evaluación y le preguntó cómo se sentía:

-Me siento muy bien, doctor Dementis. ¡Considero que estoy totalmente rehabilitado!

-¡Eso parece! —exclamó el doctor Dementis emocionado-. Sin embargo, para asegurarnos es necesario que yo le haga algunas preguntas, ¿está usted de acuerdo?

-Por supuesto, doctor, lo que usted diga…

-¿Me puede decir quién fue Jorge Washington?

-Claro, doctor, Jorge Washington fue un célebre general estadounidense. Gracias a él el pueblo de Estados

Unidos alcanzó su libertad. Washington fue el primer presidente norteamericano y hoy lo recordamos como uno de los demócratas más célebres de todo el mundo...

-¡Muy bien! ¿Y qué me dice de Napoleón Bonaparte?

-Napoleón Bonaparte fue un gran estratega militar francés, perdió la batalla de Waterloo y murió solo y olvidado...

-¡Eso es correcto! ¿Y Pancho Villa?

-Pancho Villa fue un revolucionario mexicano que alguna vez invadió Estados Unidos, fue traicionado y muerto cuando estaba ya en el retiro...

-¡Caramba! ¡Es asombroso! ¿Cómo sabe usted tanto de esos tres personajes de la historia?-

-¿Cómo no voy a saber de ellos, doctor Dementis, si yo fui el caballo de los tres?

LA OVEJA

El doctor Dementis acababa de llegar al hospital cuando un hombre se le acercó y le dijo:

-¡Doctor Dementis! Escuché decir que usted es el mejor psiquiatra del mundo, ¡tiene que ayudarme por favor!

-¿Cuál es su problema señor? –le preguntó el doctor.

-¡Ay doctor! ¡Es un problema grave y estoy muy asustado! Fíjese usted que anoche soñé que yo era una oveja y que paseaba por un verde prado y comía hierba…

-¡Sólo fue un sueño señor! ¿Usted cree que es para tanto?

-Tal vez no, doctor… ¡El problema es que cuando desperté ¡yo tenía plumas en la boca y la almohada había desaparecido!

LA SORPRESA

El paciente se despierta después de la operación cerebral y ve a un señor a su derecha.

-Doctor Dementis –le dice-, ¿todo salió bien en la operación?

Y el hombre le contesta:

-A ver, en primer lugar yo no soy el doctor Dementis, su médico, yo soy San Pedro, y segundo esto no es un hospital, ¡es el cielo!

ABOUT THE AUTHOR

ÁLVARO PARRA PINTO is a literary author and journalist born in Caracas, Venezuela (1957). He is the editor of the South American publishing company EDICIONES DE LA PARRA and has published several of his books in Kindle format, including his bestselling series SELECTED READINGS IN EASY SPANISH. Especially designed for the intermediate language student, each volume of this series is written in simple, easy Spanish.

AMAZON AUTHOR PAGE:
http://amazon.com/author/alvaroparrapinto

Contact the Author:
ineasyspanish@gmail.com

Twitter Account:
@ineasyspanish

Published by: Ediciones De La Parra
http://www.ediciones delaparra.com

Copyright © Alvaro Parra Pinto 2014
All Rights Reserved.

THANK YOU!

Thanks a lot for reading this book!

Our main goal is to help intermediate-level readers like you, by providing simple, selected readings in easy Spanish at low prices!

If you liked this product, please give us a minute and leave your review in Amazon:

PLEASE LEAVE YOUR REVIEW AT:

AND CHECK OUT THE REST OF THE VOLUMES OF THE SPANISH LITE SERIES!

FUNNY TALES IN EASY SPANISH VOLUME 1
JAIMITO VA A LA ESCUELA

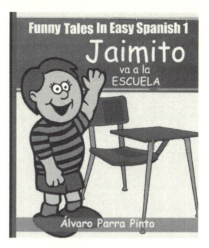

A funny tale about a young rascal who doesn´t like school in easy Spanish.

FUNNY TALES IN EASY SPANISH VOLUME 2
EL HOSPITAL LOCO

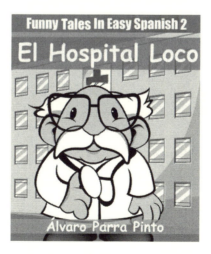

A funny tale about a hospital where the most wacky things happen in easy Spanish

FUNNY TALES IN EASY SPANISH VOLUME 3
VACACIONES CON JAIMITO

A funny tale about Jaimito and his wacky family trip to Mexico in easy Spanish

FUNNY TALES IN EASY SPANISH VOLUME 4
EL HOSPITAL LOCO 2

A new, funny tale about a hospital where the most wacky things happen in easy Spanish

Volume 2: El Hospital Loco

FUNNY TALES IN EASY SPANISH VOLUME 5
RIENDO CON JAIMITO

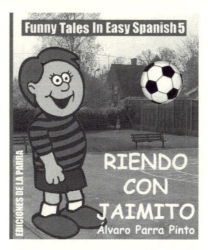

A funny tale about Jaimito and his wacky family in easy Spanish

FUNNY TALES IN EASY SPANISH VOLUME 6
NUEVAS AVENTURAS DE JAIMITO

FUNNY TALES IN EASY SPANISH VOLUME 7
JAIMITO REGRESA A CLASES

FUNNY TALES IN EASY SPANISH VOLUME 8
JAIMITO Y EL TÍO RICO

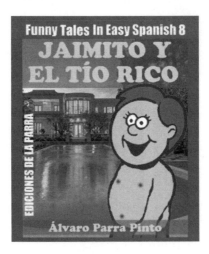

FUNNY TALES IN EASY SPANISH VOLUME 9
JAIMITO Y DRÁCULA

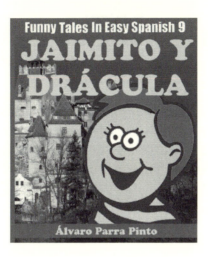

FUNNY TALES IN EASY SPANISH VOLUME 10
JAIMITO Y MISTER HYDE

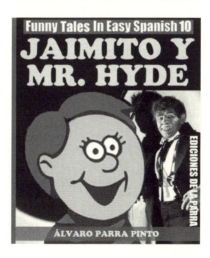

Ediciones De La Parra

Selected Readings in Easy Spanish is especially made for intermediate language students like you. Compiled, translated and edited by the Venezuelan bilingual journalist and literary author Alvaro Parra Pinto, editor of **Ediciones De La Parra.**

AMAZON AUTHOR PAGE:
http://amazon.com/author/alvaroparrapinto

CONTACT THE AUTHOR:
ineasyspanish@gmail.com

@ineasyspanish

PUBLISHED BY: EDICIONES DE LA PARRA
http://www.edicionesdelaparra.com

Copyright © Alvaro Parra Pinto 2014 All Rights Reserved.

Printed in Great Britain
by Amazon